LA QUESTION

CATALANE

L'ESPAGNE ET LA CATALOGNE

NOTICE

ADRESSÉE A LA PRESSE EUROPÉENNE

PAR LE

COMITÉ NATIONALISTE CATALAN DE PARIS

PRIX : UN FRANC

PARIS

IMPRIMERIE DE D. DUMOULIN ET Cie

5, RUE DES GRANDS-AUGUSTINS, 5

1898

Oc
1886

LA QUESTION CATALANE

LA QUESTION

CATALANE

L'ESPAGNE ET LA CATALOGNE

NOTICE

ADRESSÉE A LA PRESSE EUROPÉENNE

PAR LE

COMITÉ NATIONALISTE CATALAN DE PARIS

PARIS

IMPRIMERIE DE D. DUMOULIN ET Cie

5, RUE DES GRANDS-AUGUSTINS, 5

1898

LA QUESTION CATALANE

I

L'ESPAGNE ET LA CATALOGNE

A l'occasion de la guerre hispano-américaine, la presse européenne s'est aperçue que la Catalogne a une façon de penser tout à fait différente de celle des autres régions de l'Espagne. Elle a observé que, pendant le conflit présent, la Catalogne avait placé la question sous son vrai point de vue : au critérium castillan, qui tient surtout à savoir mourir, la Catalogne a répondu qu'il ne s'agit pas de mourir mais bien de vivre, et qu'en conséquence, lorsqu'on est dans l'impossibilité de vaincre, on ne doit pas faire plus de sacrifices.

Ce qui est arrivé dans cette affaire concrète de politique extérieure se renouvelle toujours en Espagne dans tout ce qui a trait à ses affaires intérieures. La Catalogne a toujours une pensée qui lui est propre, une pensée positive issue de sa nature spéciale et de sa civilisation européenne, en opposition aux tendances sémitiques de la race qui de Madrid gouverne l'État.

Dans toutes les questions, quelles qu'elles soient, on trouve toujours vis-à-vis, deux façons de voir diamétralement opposées : la pensée catalane et la pensée castillane ou espagnole ; l'une positive et réaliste, l'autre fantaisiste et charlatanesque ; l'une pleine de prévision, l'autre le comble de l'imprévision ; l'une entraînée dans le courant industriel des peuples modernes, l'autre nourrie des préjugés du *hidalgo* accablé de dettes et enflé d'orgueil [1].

1. Pour les Castillans, le mot *marchand* est une insulte. Quand ils veulent mépriser une nation, ils disent qu'elle a une politique de marchands.

Tels sont les caractères distinctifs propres à deux peuples qui sont l'antithèse l'un de l'autre par la race, le tempérament et le caractère ; par l'état social et la vie économique.

II

L'ÉTAT ESPAGNOL

Les Castillans, que les étrangers désignent en général sous la dénomination d'Espagnols, sont un peuple dans lequel le caractère sémitique est prédominant ; le sang arabe et africain que les fréquentes invasions des gens du Midi lui ont inoculé se révèle dans sa manière d'être, de penser, de sentir et dans toutes les manifestations de sa vie publique et privée. C'est pour cela qu'il inspire tant d'attraction aux étrangers qui recherchent tout ce qui est caractéristique[1], c'est pour cela aussi que les peuples civilisés de l'Europe, ont tant de difficulté à comprendre sa manière d'agir.

Parlant de l'Espagne du dix-septième siècle, Taine la comparait à la Turquie ; il y a peu de jours, un grand journal belge, la qualifiait de la « Turquie d'Occident ». Lorsque Salisbury parlait de peuples européens et chrétiens que l'on devait traiter comme barbares pour le bien de la civilisation, il faisait allusion à l'Espagne et reconnaissait que ce pays n'avait d'européen que sa position géographique et la forme extérieure de ses institutions.

L'État espagnol, c'est-à-dire l'ensemble d'organismes qui gouverne l'Espagne, est essentiellement castillan par

Selon eux, c'est le comble de la dégradation d'un peuple. Les États-Unis sont un peuple *marchand*.

1. Le voyageur qui entre en Espagne par Port-Bou, cherchant cette Espagne caractéristique dont parlent les narrations de voyages, est complètement désillusionné. La Catalogne lui fait l'impression d'un allongement de la France ; Barcelone, celle d'une grande capitale du Midi. Jusqu'à ce qu'il ait passé l'Èbre, il ne trouvera pas la patrie de Don Quijote, l'Espagne momifiée qu'il désire parcourir.

l'esprit, les idées, la conduite, les hommes qui la dirigent, par les institutions qu'on lui donne, par les usages et pratiques dans lesquels son activité se révèle.

« L'Espagnol, dit Taine parlant du dix-septième siècle, n'a pas dépassé les idées grossières des civilisations despotiques où l'administration n'est qu'une conquête à demeure, où le seul moyen d'acquérir est la rapine, où la seule valeur est l'argent. L'administration est celle d'un pacha qui coupe l'arbre pour avoir le fruit. Un gouvernement de province n'est pas une charge exercée pour le service des sujets, mais un bénéfice exploité au profit du possesseur. Ils y vont la plupart fort pauvres et y pillent le plus qu'ils peuvent. Un vice-roi rapporte sans peine cinq millions d'écus. »

C'est ce qui arrive encore aujourd'hui. Tout le monde sait et dit tout bas ce que rapportent toutes les charges gouvernementales et administratives de province, et même ce que leurs titulaires sont obligés de payer à leurs protecteurs de Madrid, qui les y ont placés. Le 1er octobre 1894, peu de mois avant l'insurrection de Cuba, au sujet d'une question coloniale, un journal castillan écrivait ce qui suit, et qui peut se rapporter à toute l'administration espagnole coloniale et péninsulaire : « Filipines, Porto-Rico et Cuba sont les « matières premières » des industries auxquelles la race non encore éteinte des Verrès, des Lerma et des Rodrigo Calderon, dédie son génie et son habileté. Il est rare que quelqu'un aille laisser la marque de son intelligence ou de son enthousiasme dans notre empire colonial. Le voyage aux Indes a toujours été pour la bureaucratie espagnole ce que la guerre civile était pour César et Catilina : un moyen efficace pour payer leurs dettes et combattre l'impureté de la réalité. L'habitude a rendu l'épiderme de tout le monde aussi invulnérable que la peau de l'éléphant. Le plus grand des scandales n'arrive pas au vif, ne blesse pas, n'égratigne même pas. C'est un pays conquis. Nous sommes habitués au spectacle de *Juan Quidam*, montrant hier ses coudes dans la rue de Séville et retournant aujourd'hui propriétaire de somptueux hôtels et de brillants équipages. *Juan Quidam* est un explorateur administratif de Cuba, Porto-Rico et Filipines. Comment s'appelle-t-il? Un Tel, Chose. Il est d'aujourd'hui, il était d'hier, il sera de demain, il est de tous les temps : Un véritable continuateur de l'histoire de l'Espagne. » (« Points noirs. » *Heraldo*, 1er octobre 1894, sans signature).

Canovas disait que l'explication de l'histoire castillane se résumait en un fait très simple; le fait que les soldats que Gonzalo de Córdoba avait emmenés de Malaga en Italie étaient pieds nus et mouraient de faim. Mais, il y a une autre chose qui la résume encore mieux, c'est que le heaume de Don Quijote n'est pas le heaume de Membrino, ni même un heaume, mais bien une bassine de barbier.

Tout est ainsi en Espagne : rien que l'apparence de la réalité. Les universités n'enseignent pas, les gouvernants ne gouvernent pas, les employés n'administrent pas, les escadres s'engloutissent spontanément devant nos adversaires, et les armées servent non pas à vaincre les ennemis du dehors, mais à imposer la dictature au dedans. Tel est l'État espagnol : quelque chose bien différent de ce qu'il devrait être.

Les États sont pour gouverner et administrer la société pour le bien des citoyens; mais, pour l'État espagnol, il ne s'agit pas de gouverner et d'administrer [1]. Pour lui, il ne

1. L'État n'a jamais rien fait ni dépensé pour pourvoir Barcelone d'édifices publics appropriés à son importance et à ses nécessités. Si cette capitale a voulu posséder une douane, un palais de justice, une prison à la moderne, elle a dû les payer. Le port est dû, aussi, à l'initiative de la Catalogne; l'Etat n'y est intervenu que pour entraver les travaux avec les expédients, nommer des inspecteurs et des employés qui les retar-

s'agit nullement de prendre soin des intérêts publics en veillant aux rentrées et satisfaisant les nécessités de ses administrés, non ; au contraire, il s'agit, pour lui, de dilapider chaque année, 200 millions de francs, en employés de toute sorte, directeurs généraux, secrétaires, sous-secrétaires et en officiers de toute catégorie. Il ne s'agit pas, pour ceux-ci, de servir le public avec zèle et intelligence, mais d'exiger de lui, l'arme de l'expédient à la main, une nouvelle redevance : le payement de l'accomplissement de leurs obligations.

Il ne s'agit pas non plus de posséder une escadre, une flotte qui gouverne la mer, et manœuvre en règle, mais bien de gaspiller 300 millions de francs pour maintenir des essaims d'employés d'arsenal, sous le prétexte de construire des vaisseaux qui ne finissent jamais. Si, plus tard, ils en sortent boiteux ou manchots, comme ceux de Cervera, qu'importe ?

Il n'est pas également question d'employer les 150 millions annuels du budget de la guerre en armements et défenses, mais de maintenir un corps d'officiers aussi nombreux que ceux de la France et l'Allemagne réunies. Si plus tard une guerre éclate, et que nous ne possédions ni fusils, ni munitions, ni canons, ni soldats exercés à leur maniement, qu'importe ? Si une cité, comme Barcelone, qui paye chaque année à l'État 100 millions de francs (soit la septième partie du budget), se trouve complètement sans défense, qu'importe ? Qu'est-ce que cela peut bien faire aux gens de Madrid qu'on détruise Barcelone ? On lui accorde, comme faveur spéciale, le droit de se payer à elle-même ses défenses.

L'État espagnol n'est pour rien dans tout cela ; il n'est pas créé pour faire des routes, des fortifications, des vais-

dent..... mais qui n'oublient pas de faire main basse sur les fonds déposés à cet effet par le commerce.

seaux qui puissent servir; l'État espagnol ne doit prendre aucun soin de l'intérêt public. L'État espagnol est créé pour donner à manger à des gens, à beaucoup de gens, à ceux qui ne trouvent aucun travail dans les steppes de Castille, à ceux qui meurent de misère et d'inaction sur les rives du Tage, du Douro et du Guadiana, puissantes rivières qui renferment dans leur sein des forces immenses qu'on ne cherche aucunement à utiliser. Il faut donc, en conséquence, multiplier les directions générales et les administrations, les *juntas* consultatives et les corps facultatifs, les inspections, les délégations et les inspections des inspections; compliquer et embrouiller les opérations les plus simples à force de détours et de formalités ridicules[1].

Quant aux soldes, il leur importe peu qu'elles soient maigres, misérables même; l'État espagnol est une armée d'occupation destinée à vivre aux frais du pays : on mange, comme on peut et ce que l'on peut.

III

LE PEUPLE CATALAN

L'unité espagnole est un mythe, elle n'a jamais passé au delà du désir des gouvernants de Madrid. Aujourd'hui, comme autrefois, la péninsule ibérique se divise en quatre grands groupes de population, en quatre peuples bien différents par leur langue, leur caractère et leurs traditions : Catalan, Castillan, Galaïco-Portugais et Enskar. C'est ainsi qu'il résulte des descriptions des géographes grecs sur les populations préromaines. Postérieurement, cela se manifeste encore dans les guerres séparatistes qui

1. Pour installer sur le quai de Barcelone deux urinoirs, qui étaient d'absolue nécessité, il a fallu faire la demande au gouvernement au moyen d'un *expédient*, qui a traîné pendant deux ans dans les bureaux de Madrid.

rendirent nominale l'unité de la monarchie visigothe de Tolède. Les royaumes indépendants d'Aragon, de Castille, de Portugal, et l'autonomie des Basques, conservée encore il y a peu de temps, en étaient aussi la preuve, pendant le moyen âge.

Le peuple catalan occupe la région orientale de la Péninsule et les iles Baléares. L'extension de son territoire est de 68 000 kilomètres carrés, soit à peu près trois fois plus grand que la Belgiqne. Sa population excède 5 millions d'habitants. Un écrivain français, Camboulin, dans son *Essai sur l'histoire de la Littérature catalane*, disait en parlant de la Catalogne : « Les traits les plus saillants du caractère de la nation catalane, tel qu'il résulte de la suite de son histoire, c'est premièrement un esprit essentiellement pratique, ami du fait et de la réalité, repoussant tout ce qui est pure emphase, exagération, chimère; et, en second lieu, une fierté indomptable que l'approche des plus terribles dangers ne fait qu'exalter, et que les plus grands revers ne peuvent abattre. Ajoutons tout de suite que cet esprit pratique n'exclut pas chez eux la hardiesse dans les entreprises, et que leur fierté ne leur inspire ni le dédain des autres nations, ni l'orgueil de se croire le premier peuple du monde. Ils n'aiment point à courir les aventures pour le vain plaisir de déployer leurs forces, ou pour faire montre de leur bravoure; mais qu'ils aperçoivent un résultat positif à atteindre, un accroissement de puissance, de richesses, de dignité, de sécurité, nul peuple n'est plus entreprenant ni plus tenace; nul ne compte plus sur lui-même et su la fortune. Dans la lutte de l'Espagne chrétienne contre l'islamisme, ils n'ont pas tenu à s'illustrer par ces duels éclatants, par ces brillants coups d'épée si chers à la chevalerie castillane; mais ils ont accouru à Tolosa où il s'agissait de sauver l'Espagne d'une seconde invasion plus formidable encore que celle de 711, et ils ont audacieusement enlevé d'un coup de main Valence, Murcie, les îles Baléares, d'où ils ont chassé pour jamais les musulmans. En Italie, ils osent engager la lutte contre les deux plus formidables puissances de l'époque : le Pape et la France, et leur longue persévérance finit par triompher de tous les obstacles. Dans une sphère plus humble, leur commerce et leur industrie présentent les mêmes caractères. Partout, où il y a un profit à réaliser, depuis le détroit de Gibraltar jusqu'à la mer Noire, chez les musulmans comme chez les chrétiens, on est sûr d'y rencontrer les galères catalanes à côté des Génois, des Pisans et des Vénitiens.

« Le bon sens pratique uni à l'esprit d'entreprise, une noble fierté qui ne dégénère jamais en orgueil, tel est le fond du caractère de la nation catalane. Sa langue et sa littérature portent l'empreinte de ces dispositions. »

Tel est le peuple catalan, « dont les *Annales* remontent à Charlemagne; qui a eu de bonne heure son gouvernement, ses lois, ses mœurs particulières; qui a marché de pair pendant plus de six siècles, et traité d'égal à égal avec les premières puissances de l'Europe »; qui a formulé le livre du Consulat de mer, code international de l'Europe jusqu'à bien avant dans l'âge moderne, écrit en catalan par les prud'hommes du commerce de Barcelone; qui a donné le premier exemple d'organisation fédérative; dont la puissance militaire et diplomatique a obtenu l'annexion de Sicile, Malte, Sardaigne, Naples et le protectorat de Tunis et Tremecen, et dont la civilisation a reçu le tribut d'hommes éminents comme Jacques Ier, Raimond Lulle, Saint-Raymond de Penyafort, Arnaud de Villeneuve, Muntaner, Ximénès, Ausias March et Louis Vivès.

Des circonstances d'évolution historique poussèrent à l'union de la couronne Catalane-Aragonaise à celle de Castille sur la base d'une dynastie castillane, qui fixa le siège du nouveau gouvernement en terre castillane, dans un milieu ambiant castillan. Depuis lors, le gouvernement tomba rapidement entre les mains des Castillans, et ce sont eux qui ont gouverné l'Espagne dans toutes les affaires internationales depuis Philippe II et enfin, dans toutes celles d'ordre intérieur depuis le commencement du dix-huitième siècle, pendant lequel l'absolutisme de la monarchie détruisit définitivement l'autonomie des autres États.

Quand on dit gouverner, on veut dire tout simplement tenir en main les rênes du gouvernement et en profiter, parce que, autrement, il faudrait dire que, depuis lors, ils ont *dégouverné* l'Espagne[1]. Pour juger des qualités de leur gouvernement, il suffit de se rappeler l'histoire du démembrement du domaine espagnol, d'Europe et d'Amérique, histoire lamentable, dont on écrit aujourd'hui le dernier et le plus honteux chapitre.

Après la destruction de la monarchie absolue, les Catalans attendaient que le nouveau régime de liberté changerait cet état de choses; mais ils l'ont inutilement attendu. La liberté espagnole n'a été qu'un vain nom, nom sous lequel on a baptisé la dictature d'un Espartero, d'un Narvaez, d'un O'Donnell ou d'un Canovas del Castillo, des véritables dictateurs qui ont organisé, au moyen du suffrage ou universel ou restreint, — peu importe, au ministère de la *Puerta del Sol*, — des assemblées de clients, faites pour légaliser leur gestion et les rendre irresponsables. Les élections sont aujourd'hui ce qu'elles ont été toujours : une farce indigne qui n'a d'autre but que de faire sortir triom-

1. Le gaspillage et le désarroi administratif sont traditionnels en Castille : les rois ne savaient souvent ce qu'ils mangeraient, vivant au jour le jour. Il suffit de dire que, lorsque le soleil ne se couchait jamais dans les domaines de l'Espagne, et que des navires chargés d'or arrivaient périodiquement de l'Amérique, Philippe II avait beaucoup de peine pour maintenir sa propre famille, et son père Charles V, retiré à Jute, était souvent forcé d'emprunter de l'argent à ses propres domestiques, pour attendre celui que son fils lui envoyait.

phants des urnes, au moyen de milliers de votes imaginaires, les candidats désignés d'avance par le gouvernement.

La Catalogne désabusée donna à ses opinions une orientation nouvelle déjà préparée préalablement et instinctivement par la création d'une brillante littérature en idiome catalan, par le développement des études historiques et par la grande prospérité économique. L'esprit catalan, se sentant opprimé par le régime parlementaire autant que par le régime absolutiste, fit à l'État une opposition aussi vive que jamais. A cette fin, les Catalans s'adressèrent solennellement aux pouvoirs publics, résumant et exposant leurs idées politiques dans un mémoire qui fut présenté au roi Alphonse XII en 1885[1].

Dans ce mémoire, on rappelle que l'union de la Catalogne et de la Castille s'est faite sur la base d'une égalité parfaite : « Alors, on y dit, nous avions des institutions issues de notre caractère et appropriées à notre manière d'être ; nous avions une politique à nous que nous développions avec une grande fermeté ; nous possédions une langue en train de conquérir une grande splendeur littéraire ; nous avions une législation complète tirée de nos coutumes et stimulant fortement l'énergie du pays ; nous avions des règles de langage, un ensemble d'institutions, d'usages, d'aspirations et d'intérêts qui, faisant de notre peuple un tout parfaitement harmonisé, lui permettait d'influer sur la marche de la civilisation dans toute l'étendue à laquelle lui donnait droit sa situation enviable sur la Méditerranée. Mais le parti dominant, on y ajoute, a combattu constamment ces éléments de personnalité et, s'il ne les a pas détruits totalement, ce n'est pas qu'il n'y ait

1. Memoria en defensa de los intereses morales y materiales de Cataluña presentada directamente à S. M. el Rey, en virtud del acuerdo tomado en la reunion celebrada en la Lonja de Barcelona el dia 1 de Enero 1885. (Imprimerie de Luis Tasso. Serra, 1885, 2e édition, 50 centimes.)

employé toutes ses forces, mais bien parce que ses efforts n'ont pu égaler l'énergie de conservation du peuple catalan. »

On y examine ensuite l'état de décadence, dans lequel l'Espagne est tombée, on y expose la corruption scandaleuse des habitudes politiques, et on y montre la nécessité de transformer l'État espagnol, de l'orienter du côté des institutions et coutumes politiques catalanes : l'organisation fédérative, le système véritablement représentatif, le principe de l'autonomie ou respect de toutes les institutions ou forces individuelles ou collectives qui s'acheminent spontanément vers un but social, et la réduction de l'intervention de l'État à ses véritables limites; principes de gouvernement qui ont en leur faveur, outre les traditions de la couronne catalane-aragonaise, l'exemple de l'Angleterre et qui se trouvent dans le sens des courants scientifiques les plus modernes.

Peu d'années après, on adressa à la reine régente Marie-Christine d'Habsbourg-Lorraine, lors de sa venue à Barcelone pour l'inauguration de l'Exposition universelle de 1888, un message de bienvenue dans lequel ces aspirations de la Catalogne étaient à nouveau exprimées, et qui à nouveau contenait un avertissement, presque une prophétie, que les malheurs présents rendent d'une triste opportunité : « L'unification politique, Noble Dame ; vouloir soumettre aux mêmes lois toutes les nations diverses d'un grand État, lorsqu'elles sont aussi différentes en histoire, en caractère, en idiome, en usages et en coutumes, ont eu de désastreuses conséquences, autant pour l'Autriche que pour l'Espagne, étant pour l'une comme pour l'autre la cause de la perte de territoires étendus, aux habitants desquels le système autonomique aurait convenu. La patrie où vous êtes née a ouvert les yeux à la raison et à la justice, et en desserrant les liens et relâchant les entraves, elle a contenu l'émancipation de beaucoup de nations opprimées, qui auraient fini promptement par rompre lentement leurs chaînes. Chez nous, si l'on ne s'empresse pas le plus vite possible à porter remède pour empêcher l'éparpillement, la perte de tant de régions de notre continent et de celui de l'Amérique qui se sont totalement séparées de l'Espagne, aura bientôt sa répétition ; d'autres suivront leur exemple. Nous voyons qu'il y a de l'autre côté des mers quelques peuples où les couleurs espagnoles flottent encore, mais qui d'un moment à l'autre peuvent se rebeller contre les erreurs d'une politique uniforme et absorbante, leur désir de liberté étant aiguillonné par la comparaison de l'état précaire où ils sont réduits, avec la prospérité toujours croissante des autres peuples qui se sont séparés de l'Espagne. »

Dans bien des écoles privées de Catalogne, on enseigne aux enfants le catéchisme des aspirations catalanes, le Compendium de la Doctrine cataliniste[1], opuscule dénoncé et saisi il y a un an environ, par le gouvernement de Madrid, dans lequel on dit que la patrie unique des Catalans, c'est la Catalogne ; que l'Espagne n'est que l'État dont ils font accidentellement partie, par les hasards de l'histoire, comme ils auraient pu tout aussi bien faire partie de l'État français, sans être néanmoins pour cela ni plus ni moins Catalans que nous le sommes maintenant.

On y explique aussi l'histoire honteuse de la constitution de l'État espagnol, rempli de crimes et d'usurpations ; on y fait connaître les traditions autoritaires et absolutistes de la couronne de Castille, en opposition constante aux traditions de liberté, self-government et fédéralisme de la couronne catalane-aragonaise ; et après un résumé de tout ce que le peuple catalan a souffert à cause de son union

1. « Compendi de la Doctrina Catalanista », ouvrage couronné au concours régionaliste du centre catalan de Sabadell, et approuvé par la « Junta permanent » de l'Union catalaniste. (Sabadell, 1894, 1 franc ; édition économique, 15 centimes.)

avec la Castille, on formule les bases capitales de ces aspirations.

IV

SOLUTIONS

Pour résoudre l'antagonisme existant entre le peuple catalan et le peuple castillan, dont, l'État espagnol est l'instrument de domination, l'opinion publique s'est divisée en deux tendances différentes.

La première tendance, représentée par le mémoire présenté à Alphonse XII en 1885, et par les accords de l'assemblée générale de l'Union catalaniste tenue à Manresa en 1892 [1], admet la continuation de l'unité politique de l'Espagne, mais cherchant à organiser l'État sur la base de la fédération et de l'autonomie des différentes régions qui possèdent une personnalité bien définie.

Elle est la solution conservatrice et opportuniste du conflit, acceptée plus ou moins complètement par les partis politiques espagnols extrêmes : le parti fédéraliste qui a pour chef Pi y Margall, et le parti traditionaliste dans ses deux branches, légitimiste et intégriste.

Mais cette solution ne satisfait pas tous les esprits, et ceux qui la trouvent insuffisante, impraticable et stérile

1. Deliberacions de la primera assemblea general de l'Unió Catalanista tinguda à Manresa, en Mars de 1892. (Barcelone, imprimerie « La Renaixensa », 1893. 2 francs.)

D'après la résolution qui fut adoptée à l'unanimité dans cette assemblée, le pouvoir central devait avoir à sa charge :

a) Les relations internationales;

b) L'armée de terre et de mer, les travaux de défense et l'enseignement militaire;

c) Les relations économiques de l'Espagne avec les autres pays, et en conséquence la fixation et la perception des droits de douane;

d) La construction et l'entretien des routes, chemins de fer, canaux, et ports d'intérêt général;

e) La solution de toutes les questions et conflits interrégionaux;

f) Toutes les autres attributions seraient du ressort des pouvoirs régionaux.

forment un parti qui va croissant chaque jour. Ils sont persuadés que les défauts de l'État espagnol, nés des conditions mêmes du caractère castillan, sont inguérissables, et que par ce motif la Castille, quel que soit le régime établi, serait un arrêt pour le progrès de la Catalogne, le plomb qui l'empêcherait de voler aussi haut que ses forces et ses aptitudes lui permettraient. De plus, ils croient que l'union amiable, c'est-à-dire par voie d'association, est impossible ; parce que le peuple castillan, peuple primitif, incapable de solutions complexes, ne conçoit d'autre forme d'union que l'absorption, et ne saura ni ne voudra jamais abandonner ses traditions dominatrices. Ce peuple ne peut être que dompteur ou dompté. Tel est le double fondement de la tendance séparatiste peu extériorisée à cause de la législation répressive qui existe, et par cela même plus forte qu'elle ne semble.

Elle part aussi de cette même base, c'est-à-dire, du caractère primitif et insociable des Castillans, la très petite minorité qui pense encore aujourd'hui qu'une confédération ibérique est la formule la plus complète et progressive pour résoudre l'antagonisme qui existe entre les deux peuples. Ils considèrent la formation des grands États comme une loi essentielle de l'histoire et même comme une nécessité sociale qui se fait sentir en Europe de jour en jour avec plus d'intensité. Par ce motif, ils n'admettent pas l'indépendance absolue, croyant de beaucoup préférable une confédération dans laquelle les forces du Portugal et de la Catalogne empêcheraient la Castille de troubler la vie progressive de la confédération.

Il y a, en outre, une grosse partie des producteurs catalans qui, jusqu'à ce jour, par intérêt personnel, se tenaient à l'écart du mouvement parce qu'ils compensaient par les droits de douane, les dommages que le désordre administratif leur causait ; aujourd'hui, que les colonies sont presque totalement perdues, comprennent que la protection qui leur est nécessaire consiste dans l'ordre, une bonne administration, des voies de communications, ce qui est le milieu ambiant administratif propre aux États vraiment civilisés, et qui leur permet de perfectionner la production et de l'obtenir à bon marché; et ils savent très bien que tout ceci, ne peut leur être donné par l'État espagnol ou castillan, dégénération d'un État purement agricole et militaire. Ils tournent, en conséquence, les yeux du côté de la France, et se déclarant partisans résolus d'une annexion, solution prônée aussi par une petite fraction radicale de la jeunesse intellectuelle de la Catalogne.

Toutes ces solutions diverses concourent à un seul et même but: l'autonomie de la Catalogne que tous cherchent à obtenir, chacun par des moyens différents. Aujourd'hui, l'annexionisme et l'opportunisme, sont les deux tendances qui tiennent le *record*. Le triomphe de l'une sur les autres ne dépend que de la conduite du gouvernement espagnol et surtout des circonstances.

Si l'État espagnol, instruit par tant de désastres, sait commencer une vie nouvelle allant droit au particularisme, l'idée séparatiste, devenue sans objet, au lieu de prendre de l'extension, perdra rapidement du terrain.

Mais, s'il continue sa politique traditionnelle, il ne dépendra plus que de la France de faire prédominer le parti annexioniste ou celui de l'indépendance. Et, dans ce cas, si les courants décentralisateurs et fédéralistes qui prennent aujourd'hui naissance en France, acquéraient un développement rapide et se traduisaient par des réformes dans l'actuelle constitution unitaire et centralisatrice de la République française, l'idée annexioniste aurait alors beaucoup de chances de triompher. Une situation, un moment propice de la politique internationale européenne, et l'annexion serait un fait.

FIN

www.ingramcontent.com/pod-product-compliance
Ingram Content Group UK Ltd.
Pitfield, Milton Keynes, MK11 3LW, UK
UKHW021047260726
13994UKWH00005B/2386